JIM DAVIS

GARFIELD & Cia

1. Pez Gato

Título original: *Garfield & Cie 1.Poisson Chat*
© Traducción: Carlos López Ortiz.
© de esta edición: EDICIONES KRAKEN, 2010
C/ Laurel 23, 1° - 28005 Madrid
www.edicioneskraken.com
kraken@edicioneskraken.com

Garfield & Cie 1
© PAWS. TODOS LOS DERECHOS RESERVADOS.
"GARFIELD TV SERIES" © 2008- DARGAUD MEDIA
Inspirado en la serie televisiva de dibujos animados 'The Garfield Show',
creada por Philippe Vidal, Robert Rea y Steve Balissat, adaptada de las
tiras cómicas de Jim Davis. Una coproducción Dargaud-Media and
France 3. Guiones originales de Peter Berts (*¡Sonría!*) Mark Evanier (*La
peste en casa*), Baptiste Heidrich y Julien Monthiel (*Pez gato*)
© DARGAUD 2010 www.dargaud.com
www.thegarfieldshow.com

ISBN: 978-84-92534-24-1

MAÑANA ES EL CUMPLEAÑOS DE LIZ.

NO PARECE MUY IMPORTANTE.

Y VAMOS A HACERLE UN REGALO ESPECIAL, ¡UNA FOTO DE FAMILIA!

SÚPER...

COMO ESTE DIBUJO.

Y QUIERO QUE SALGAMOS SONRIENDO.

¡ESO ES DE IDIOTAS! NADA EN ESTE MUNDO ME OBLIGARÁ A HACER ESO.

¿?

SI SOIS BUENOS Y LA FOTO SALE BIEN, ESTA NOCHE TENDRÉIS LASAÑA.

¡OK! ¿VAMOS ALLÁ?

¡DECID "PIZZA"!

POC

FLAP FLAP

FLASH

¡OTRA VEZ MAL!

¡MIAU!

¡TE HAS CARGADO LA FOTO! MUY GRACIOSO, NERMAL..

¿POR QUÉ? ¡SÍ, SOY SÚPER GUAPO!

ES UNA FOTO DE FAMILIA Y TÚ NO ERES PARTE DE ELLA.

¡ASÍ QUE AHUECA!

HOLA, VECINO.

ME HE QUEDADO SIN AZÚCAR. ¿ME PODRÍAS DAR UN POCO?

BRAVO, JON, UNA FOTO PRECIOSA DEL VECINO.

¡YA LE HE DADO! ¡DECID "PIZZA"!

CLIC

¿ALGUIEN HA PEDIDO UNA PIZZA CON EXTRA DE PEPPERONI?

¡ÑAM!

¡GARFIELD!

¡NOOOOOOOOOOOOOOOOO!

ES CULPA TUYA... HAS SIDO TÚ EL QUE ME HA HECHO PENSAR EN PIZZA TODO EL DÍA.

¡YA ESTOY HARTO!

A GRANDES MALES, GRANDES REMEDIOS...

FLASH
FLASH
FLASH
FLASH

¡MAGNÍFICO! ME HE SUPERADO A MÍ MISMO.

VOY A HACER UNA SERIE ESPECIAL PARA VUESTRA AMIGA.

PFFF.

Y TODO ESO PARA HACERNOS LA FOTO DE FAMILIA PARA EL CUMPLEAÑOS DE LIZ...

CREO QUE ESTA FOTO ES MAGNÍFICA...

SALVO UNA COSA QUE...

¿HAY ALGO MAL?

FIN

GARFIELD & Cía

LA PESTE EN CASA

¡GRRRRRRRR! ¡NO PUEDO DORMIRME ASÍ!

TÚ TRANQUILO, POOKY. YO ME OCUPO.

¿?

CLIC

¡GARFIELD! INTENTO PASAR EL ASPIRADOR.

Y YO INTENTO DORMIR.

¡ESTÁ BIEN! IRÉ A HACER LA COLADA.

¡AAAAAH! ¡POR FIN!

¡HOLA GARFIELD!

VENGO A PASAR EL DÍA CONTIGO

ESTÁS ENCANTADO, ¿EH?

GRRRRR

¡FUERA, NERMAL!

PAF

¡AY!

¡OH! GARFIELD HA SALIDO. VOY A LAVAR SU MANTITA.

POOKY, TÚ QUÉDATE AHÍ.

ZIP

BLENG BLENG

¡NO ERES NADA AMABLE!

¡DEBERÍAS TRATAR MEJOR A LOS INVITADOS COMO YO!

??

¡TIENES TODA LA RAZÓN!

¡VAS A IR A UN SITIO MÁS ADECUADO PARA TI!

¡TE ARREPENTIRÁS!

¡ALGÚN DÍA GARFIELD SERÁ AMABLE CONMIGO!

ACABO DE LAVAR TU MANTITA. BUENA SIESTA, GARFIELD.

¡PERFECTO!

¡AAAH!

TENGO LA IMPRESIÓN DE QUE ME FALTA ALGO...

¡POOKY!

¡OH!

¡NIARK NIARK!

¿¿?¡

¡QUÉ CATÁSTROFE!

GARFIE

¿DÓNDE ESTÁ POOKY?

LO DEJÉ AQUÍ EN LA MESA CUANDO...

¡OH!

DEBÍ DEJARLO CAER EN LA BASURA, FUERA.

POOKY, ¡VOY A SALVARTE!

NERMAL ESTÁ EN MI SITIO CON LA TRIPA LLENA DE GALLETAS...

Y NO PUEDO HACER NADA.

GARFIELD, CREO QUE SOY EL GATITO MÁS GUAPO QUE EXISTE. ¿ESTÁS DE ACUERDO?

DILO.

SÍ, NERMAL... ERES REALMENTE... UN GATITO... GUAPO.

NO LO HE OÍDO BIEN ¿ME LO PUEDES REPETIR?

...

¡ERES EL GATITO MÁS GUAPO DEL MUNDO ENTERO!

GRACIAS.

¿ME DEJARÁS COMERME TU LASAÑA ESTA NOCHE?

¡ESTOY HASTA EL GORRO!

NO QUERÍA LLEGAR A ESTO... PERO NO ME HA DEJADO OTRA OPCIÓN.

¡ESTOY INVITANDO A LAS PRIMAS DE JON PARA QUE NOS HAGAN UNA VISITA!

¡JIN JIN!

DING DONG

?

¡HOLA PRIMO JON! ¡VENIMOS A HACERTE UNA VISITA!

¡OH, MIRA! ¡QUÉ GATITO MÁS MONO!

¡PERO AÚN PODRÍA SER MÁS MONO!

¿?

¡SOCORRO, GARFIELD!

¡ME HABÍAS PROMETIDO SER AMABLE CONMIGO!

¡LO SIENTO PERO SON ELLAS LAS QUE NO SON AMABLES, NO YO!

TE AYUDARÍA CON GUSTO PERO ESTOY TAN TRISTE DESDE QUE POOKY DESAPARECIÓ...

¡ESTÁ EN EL HUECO DEL ÁRBOL DE DETRÁS DE LA CASA!

EN SU AUSENCIA, LIZ NOS DEJA SUS PECES. MÁS TE VALE ESTAR TRANQUILO PORQUE SI NO...

JURO QUE NO ME LOS COMERÉ.

¡JE, JE, JE!

VENID, PECECITOS...

ZZZZZZ

NO TE PREOCUPES POR TUS PECES. GARFIELD LOS DEJARÁ EN PAZ.

??

HUELE A PEZ POR AQUÍ...

¡¿?!

¡PECES!

¡¡PECES!!

¡UN MONTÓN DE PECES!

¡HOP! ¡EMPEZAMOS POR TI!

¿?

¿ESTOY ELEVÁNDOME?

BLAF

PO PO

¡ES UN PEZ GLOBO!

TÚ, ¡TIENES UNA PINTA DELICIOSA!

KZZZZZIT

¡AY!

UNA ANGUILA ELÉCTRICA...

¡HOP! ¡TE TOCA, GUAPETÓN!

¡MMH! NO ESTÁ NADA MALO ESTE PEZ VOLADOR.

¿?

SE LE ACUSA DE HABER COMIDO PECES.

BUENO, SÍ DE ACUERDO, ME HABRÉ COMIDO UNO O DOS...

¡7.322! PARA SER EXACTOS, SEÑORÍA.

¡ES USTED UN AUTÉNTICO MONSTRUO!

MIEMBROS DEL JURADO ¿CUÁL ES SU VEREDICTO?

¡CULPABLE!

¡EL JURADO LE DECLARA CULPABLE! Y SE LE APLICARÁ LA PENA MÁXIMA. ¡HAGAN ENTRAR A GERARDO!

¿?

AAAA...

¡¿?!

¡QUÉ PESADILLA!

HE TRAÍDO MIS PECES COMO DIJIMOS.

¿?

NO TE PREOCUPES, GARFIELD NO SE ACERCARÁ A ELLOS.

TIENE DOS PECECITOS ROJOS.

ES LA HORA DE COMER...

UN BUEN SÁNDWICH DE SALSA TÁRTARA...

DESDE ESE HORRIBLE SUEÑO, HE DECIDIDO DEJAR EL PESCADO. NO COMERÉ MÁS PECES...

...¡HASTA LA PRÓXIMA VEZ! ¡JE, JE, JE!

FIN